BEI GRIN MACHT SICH IHR WISSEN BEZAHLT

AF144369

- Wir veröffentlichen Ihre Hausarbeit, Bachelor- und Masterarbeit

- Ihr eigenes eBook und Buch - weltweit in allen wichtigen Shops

- Verdienen Sie an jedem Verkauf

Jetzt bei www.GRIN.com hochladen und kostenlos publizieren

Nancy Kunze-Groß

Präimplantationsdiagnostik. Eine Verletzung der Menschenwürde?

GRIN Verlag

Bibliografische Information der Deutschen Nationalbibliothek:

Die Deutsche Bibliothek verzeichnet diese Publikation in der Deutschen National-
bibliografie; detaillierte bibliografische Daten sind im Internet über http://dnb.d-
nb.de/ abrufbar.

Impressum:

Copyright © 2004 GRIN Verlag GmbH
Druck und Bindung: Books on Demand GmbH, Norderstedt Germany
ISBN: 978-3-656-64619-8

Dieses Buch bei GRIN:

http://www.grin.com/de/e-book/27779/praeimplantationsdiagnostik-eine-verletzung-
der-menschenwuerde

Hausarbeit:

Präimplantationsdiagnostik und

Menschenwürde

Friedrich-Schiller-Universität Jena

Lehrstuhl für Angewandte Ethik

Proseminar: Einführung in die Angewandte Ethik

Verletzt die

Präimplantationsdiagnostik

die Menschenwürde?

Wissen ohne Gewissen
wird zur größten Gefahr
für die Menschheit.
(Victor Frederik Weisskopf)

Inhaltsverzeichnis

1. Einleitung

Da die technischen Möglichkeiten rasant voranschreiten, werden heute mit Routine künstliche Befruchtungen durchgeführt. Im diagnostischen Bereich wurde besonders in den letzten Monaten die Präimplantationsdiagnostik diskutiert, denn es stellt sich die Frage, ob bzw. inwieweit sie die Menschenwürde verletzt. In Betracht kommen dabei eine mögliche Verletzung der Menschenwürde der werdenen Mutter oder der des menschlichen Keims.

2. Verletzt die Präimplantationsdiagnostik die Menschenwürde?

2.1 Präimplantationsdiagnostik

2.1.1 Definition: Was ist Präimplantationsdiagnostik?

Zuerst muss eine Begriffserklärung erfolgen, da es zwei Formen des Begriffs Präimplantationsdiagnostik bestehen. Die nicht-invasive[1], optische Präimplantations-diagnostik (PID) wird in der Regel bei jeder künstlichen Befruchtung (= In-Vitro-Fertilisation, kurz: IVF) durchgeführt und dient dazu, genetische Veränderungen zu erkennen und bei schwerwiegenden Defekten den Keim nicht zu implantieren, da er ohnehin nicht lebensfähig ist[2]. Hierunter fällt teilweise auch die Entnahme und Untersuchung der Polkörper reifer Eizellen (Präfertilisation[3]), die vor und nach der Befruchtung möglich sind und das Ziel besitzen, für die Befruchtung ungeeignete Eizellen mit auffälligem Chromosomensatz auszusortieren sowie monogene Erbkrankheiten und erbliche Chromosomenveränderungen festzustellen[4]. Der Vorteil ist, dass die Untersuchung vor der Bildung des Keimes vollzogen wird und daher keine Zellen verbraucht werden[5]. Nachteile sind u.a. dass nur das Erbmaterial der Mutter betrachtet und die Eizelle verletzt werden kann. Des weiteren können einige chromosomale Veränderungen erst nach den Zellteilungen erkennbar werden. Die Risiken sind hier aber, abgesehen von den üblichen der IVF, relativ gering[6].

Im Vordergrund dieser Ausführungen steht aber die zweite Form: die genetische, invasive Präimplantationsdiagnostik (international PGD), bei der es sich um ein genetisches Verfahren handelt,

---

1 Invasiv bedeutet eindringend.
2 Knoepffler, S. 112
3 Die Polkörperentnahme wird einerseits als Alternative zur PGD und andererseits im gleichen Atemzug mit ihr genannt (vergl. u.a. Böckenförde-Wunderlich, S. 14, 21 ff; Haker, S. 145).
4 Böckenförde-Wunderlich, S. 21 f
5 a.a.O., S. 22; Knoepffler, S. 115
6 Knoepffler, S. 112, 114

das an einem durch künstliche Befruchtung entstandenen menschlichen Keim vor dessen Implantation in den mütterlichen Organismus angewendet wird[7]. Die PGD ist eine diagnostische Maßnahme in Form einer genetischen Untersuchung[8]. Dazu werden nach den ersten Zellteilungen (vorwiegend im Sechs- bis Zehnzellstadium) einige Zellen (meist zwei sog. Blastomere[9]) aus dem Gesamtverband des künstlich befruchteten, menschlichen Keims entnommen[10]. Darauf folgt die Isolierung der Zellkerne, die die gesamte Erbinformation beinhalten[11]. Diese wird mittels zweier Methoden untersucht: Die PCR (Polymerase-kettenreaktion) dient dazu, Einzelgendefekte bzw. genetische Veränderungen aufzuspüren und die FISH (Fluoreszent in situ Hybridisierung) kommt zur Anwendung bei Chromosomen-veränderungen und dient auch der Geschlechtsbestimmung[12].

Bereits hier kommt ein Problem auf, denn es ist unklar, ob die entnommenen Zellen totipotent sind, also ob sie sich unter der Voraussetzung der notwendigen Bedingungen zu einem Embryo entwickeln können und daher noch nicht differenziert sind[13]. Der Zeitpunkt, ab wann die Zelle diese Totipotenz verliert, ist medizinisch immer noch nicht zu 100 % geklärt. In der Regel wird angenommen, dass diese ab dem 8-Zell-Stadium nicht mehr vorliegt[14]. Daher besteht die Möglichkeit des Keimverbrauches[15]. Problematisch ist auch, dass nur die embryonalen Zellen in den weiblichen Organismus eingesetzt werden, die von keinerlei Störungen oder Veränderungen betroffen sind, und diejenigen, die betroffen sind, einfach „verworfen" werden[16].

2.1.2 Vorteile der PGD

Im Rahmen der Frage, was Präimplantationsdiagnostik ist, müssen auch die Vor- und Nachteile aufgeführt werden. Für einen positiven Gesichtspunkt spricht, dass ein für die Frau belastender Schwangerschaftsabbruch, der durch Pränataldiagnostik[17] notwendig erscheint, vermieden werden kann[18]. Damit wird gleichzeitig die Vererbung (negativer) genetischer Veränderungen verhindert[19]

7Knoepffler, S. 112
8Düwell u.a., S. 256; Böckenförde-Wunderlich, S. 14
9Blastomere sind Furchungszellen im ersten Entwicklungsstadium eines Keims.
10Knoepffler, S. 114; Haker, S. 145 f; Böckenförde-Wunderlich, S. 21 f
11Böckenförde-Wunderlich, S. 22
12Knoepffler, S. 114, Böckenförde-Wunderlich, S. 26 f; Haker, S. 146
13Knoepffler, S. 114, Böckenförde-Wunderlich, S. 25 f; Haker, S. 148
14AWO, Seite 7
15Knoepffler, S. 114
16Haker, S. 148; Düwell u.a., S. 256; AWO, S. 5
17Diagnostik an einem im Mutterleib befindlichen Embryo / Fötus
18Düwell u.a., S. 256; Böckenförde-Wunderlich, S. 9; Haker, S. 144
19Böckenförde-Wunderlich, S. 10; Haker, S. 143

und eine Alternative für Frauen angeboten, die sich strikt gegen einen Schwangerschaftsabbruch aussprechen[20]. Auch bietet die PGD eine Möglichkeit, unfruchtbare Paare den Wunsch nach einen genetisch gesunden Kind zu verwirklichen[21]. Das Recht auf eigene Nachkommen mit dem Gesichtspunkt, dem eigenen Sohn bzw. der eigenen Tochter schwere Leiden, Schmerzen und evtl. einen zu frühen Tod zu ersparen, rückt in den Vordergrund. Es wird damit auch nicht die Aufgabe erteilt, aus „Mitleid gegenüber zukünftigen geschädigten Kindern mit geringer Lebensqualität" zu handeln oder handeln zu müssen[22]. Weiterhin kann die PGD als Hilfe für die Paare, die bereits ein krankes oder behindertes Kind haben, angesehen werden. Und zwar einerseits, um zu verhindern, dass ein weiteres behindertes oder krankes Kind in die Familie geboren wird, sowie andererseits, damit das „neue" Kind Zellen oder Gewebe zur Rettung eines geborenen, aber kranken Geschwisterkindes spenden kann[23]. Möglich ist sogar die Verwendung der PGD zur Geschlechtsbestimmung[24].

2.1.3 Nachteile und Probleme der PGD

Neben den oben genannten Vorteilen gibt es auch einige negative Gesichtspunkte der PGD. Besonders bedeutend ist, dass defekte Embryonen nicht in den mütterlichen Organismus implantiert werden und somit keinerlei Lebenschance bekommen[25]. Erforderlich ist auch eine erhöhte Anzahl von Embryonen, wobei nach der Diagnostik einige übrig bleiben und „demnach der 'Verlust' von mehreren Embryonen [...] bewusst in Kauf genommen" wird. Ob möglicherweise Embryonen durch die PGD geschädigt werden können ist unklar, aber es wird vermutet, dass gemäß dem „Alles-oder-Nichts"-Prinzip eine Schädigung entweder zum Wachstumsstillstand führt oder aber die Embryonen sich später normal weiter entwickeln.

Die PGD sowohl bei unfruchtbaren, aber besonders auch bei fruchtbaren Paaren stellt eine psychische und gesundheitliche Belastung dar[26]. Dies einerseits durch die enorme Hormonstimulation mit allen Nebenwirkungen für die Frau und andererseits durch das hohe Risiko einer

20Haker, S. 144
21Böckenförde-Wunderlich, S. 10
22Haker, S. 144
23Haker, S. 144; Knoepffler, S. 126
24Haker, S. 144
25Böckenförde-Wunderlich, S. 11; Haker, S. 159
26Düwell u.a., S. 256; Böckenförde-Wunderlich, S. 12

Mehrlingsschwangerschaft, die die IVF mit sich bringt[27]. Hinzu kommt, dass die Ergebnisse der PGD zu ungenau sind und „die Garantie auf ein gesundes Kind [...] nicht gewährleistet werden" kann[28].

Es besteht die Gefahr, dass die PGD nicht nur für Einzelfälle, sondern als eine Art Screeningprogramm für künstlich gezeugten Embryonen angewendet wird. Das fördert die Technisierung und Entmenschlichung der Fortpflanzung und erweitert die Selektionsmöglich-keiten, was die „Gefahr einer Eugenik von unten" beinhaltet[29]. Damit würde gegenüber Behinderten sowohl Toleranz als auch Akzeptanz verringert.

2.2 Menschenwürde

2.2.1 Definitionsversuch: Was ist Menschenwürde?

Mit den Worten „Die Würde des Menschen ist unantastbar." beginnt der Artikel 1 des Grundgesetzes der BRD. Damit wird die Menschenwürde als ein zentrales Prinzip dargestellt, das inhaltlich stark unbestimmt ist[30]. Es handelt sich einerseits um eine „verfassungsrechtliche Garantie, die mit besonderem Pathos als Grundnorm für die gesamte Rechtsordnung" gilt[31]. Dies wird unterstützt durch den zweiten Satz des Artikel 1 GG, der besagt, dass der Staat dazu verpflichtet ist, die Menschenwürde zu schützen und zu achten. Andererseits kann die Menschenwürde nicht nur als Konstitutionsprinzip und Fundament für andere Prinzipien[32], Grund- und Menschenrechte gesehen werden, sondern gleichzeitig auch als regulatives Prinzip gelten, „in dessen Licht" alle politischen, rechtlichen und ethischen Entscheidungen getroffen werden[33]. Damit wird der Grundgedanke des Prinzips der Menschenwürde deutlich, auch wenn die Randbereiche noch unklar sind[34].

2.2.2 Menschliche Keime und Menschenwürde?

In diesen Randbereich fällt auch die Frage, ob und inwieweit menschlichen Keimen Menschenwürde zukommt, denn der Würdeschutz ist laut dem deutschen Grundgesetz (Art. 1 I GG) auf den „Menschen" bezogen[35]. Dort wird aber keine genaue Definition gegeben, wann der „Mensch" als

---

27Haker, S. 156 f
28Böckenförde-Wunderlich, S. 12 f
29Düwell u.a., S. 256; Böckenförde-Wunderlich, S. 13
30Birnbacher, S. 75
31Starck, S. 1
32z.B. das Rechtsstaatsprinzip
33Knoepffler, S. 17 ff
34Starck, S. 1
35Böckenförde-Wunderlich, S. 161 f

„Mensch" gilt und ihm diese besondere Würde zukommt. Weitgehend einig ist man sich darüber, dass das momentane Vorhandensein von besonderen Eigenschaften oder Fähigkeiten nicht ausschlaggebend ist. Es gibt aber keine allgemeine und einheitliche Position über den Zeitpunkt, ab wann Menschenwürde zugesprochen wird[36]. Daher sind verschiedene Sichtweisen in der Literatur vorhanden:

(1) Die erste Position vertritt die Meinung, dass die Menschenwürde (aus Vorsichtsgründen) ab der Befruchtung einem menschlichen Keim zukommt.

(2) Bei der zweiten Position wird die Menschenwürde Embryonen (aus Vorsichtsgründen) ab der Nidation[37] zugesprochen.

(3) Position drei nimmt an, dass dem Embryo / Fötus (aus Vorsichtsgründen) Menschenwürde erst zu einem späteren Zeitpunkt aber bis zur Geburt zukommt.

(4) Die letzte und vierte Position misst erst dem Geborenen zu einem Zeitpunkt nach der Geburt Menschenwürde zu.

Bei der Diskussion dieser vier Positionen erscheint das Argument sinnvoll, dass bereits im Mutterleib das Ungeborene eine besondere Beziehung zu seiner Mutter herausbildet und in einer gewissen Art und Weise auch am „Außenleben" teilnimmt[38]. Damit kann die Geburt nicht im Sinne eines plötzlich entwickelten Menschen ausschlaggebend sein. Das Argument, dass durch die befruchtete Eizelle, die das „Entwicklungsprogramm" enthält, ein neuer Mensch entsteht, besticht ebenfalls nicht, da dieses Programm in gewisser Weise schon vorher in der Eizelle vorhanden ist.

Mit der Nidation wird eine Art natürliche Auslese vollzogen, der eine reale Entwicklungs-möglichkeit und eine gewisse Überlebenswahrscheinlichkeit mit sich bringt, die einen embryonalen Lebensschutz beinhaltet. Bezogen auf die künstliche Befruchtung der IVF, die bei einer PGD angewandt werden muss, kann angemerkt werden, dass menschliches Leben im Frühstadium ohne eine Verbindung zur Mutter unmöglich ist, da sich ein extrakorporaler[39] Embryo außerhalb des Mutterleibes nicht als Mensch weiterentwickeln kann[40]. Demnach kann erst nach einer Einpflanzung von menschlichen Leben gesprochen werden. Hinzu kommt, dass selbst das Bundesverfassungsgericht in seinem Urteil

---

36 Knoepffler, S. 83 f
37 Nidation ist die Einnistung des Embryos in die Gebärmutterschleimhaut.
38 Böckenförde-Wunderlich, S. 166 ff
39 Extrakorporal meint außerhalb des Körpers.
40 Böckenförde-Wunderlich, S. 170; ähnlich bei Huber, S. 26 f

„Leben im Sinne der geschichtlichen Existenz eines menschlichen Individuums [...] nach gesicherter biologisch-physiologischer Erkenntnis"[41] ab der Nidation anerkannt und über den Zeitraum davor nichts ausgesagt wird und auch keine entscheidungskräftigen biologischen Daten zu finden sind[42].

Damit besitzt zwar die zweite Position, die Menschenwürde Embryonen ab der Einnistung zukommen lässt, einige positive Argumente. Jedoch kann sie nicht ganz überzeugen, denn wenn dem menschlichen Keim die Menschenwürde versagt wird, so wird er doch als „Sache" herabgewürdigt[43]. So müsste aber ein Punkt angebbar sein, an dem aus einer „Sache" eine „Person" wird, was sowohl juristisch wie auch philosophisch schwer zu begründen ist.

Auch gibt es die These, dass eine Beziehung der Frau zu ihrem eigenen in vitro befindlichen Embryo nicht erst durch die Implantation und Nidation beginnt, sondern bereits vorher eine gewisse Beziehung besteht, da die Frau das Leben des menschlichen Keims erwartet[44]. Da dies zum Unterschied einer natürlichen Befruchtung nicht möglich ist, weil die Frau meist noch nichts von ihrer Schwangerschaft weiß, besitzt gerade diese Verbindung aufgrund der „physischen Einnistung" eine starke Bedeutung. Damit beginnt menschliches Leben mit der Verschmelzung von Ei- und Samenzelle, wodurch der ersten Position der Vorzug gegeben wird. Einem menschlichen Keim kommt Menschenwürde zu.

2.2.3 Menschenwürde der Frau

Auch stellt sich die Frage, ob die PGD die Menschenwürde der Frau in irgendeiner Weise verletzten kann. Dazu ist unstreitig, dass jeder Frau Menschenwürde zukommt[45]. Stark mit dieser verbunden sind sowohl das Lebensrecht als auch das Selbstbestimmungsrecht der Frau[46], wonach sie von Grundsatz her frei über die Übernahme einer Mutterschaft entscheiden kann[47].

41BVerfGE 39, S. 1 (36 f, 41); BVerfGE 88, S. 203 (251)
42Böckenförde-Wunderlich, S. 181 f
43Starck, S. 2
44Huber, S. 27 f
45Dies folgt schon allein aus Artikel 1 Absatz 1 Satz 1 des deutschen Grundgesetzes.
46Knoepffler, S. 124
47Böckenförde-Wunderlich, S. 216

2.3 PGD und Menschenwürde

2.3.1 Verletzt die PGD die Menschenwürde?

Es wird also vertreten, dass nicht nur der Frau, sondern auch dem menschlichen Keim Menschenwürde zukommt. Zu prüfen ist nun, ob die PGD die Menschenwürde verletzt. Dabei ist zunächst grundsätzlich klar zu stellen, dass man dieser Methode nur zustimmen kann, wenn man die IVF als ein mit der Menschenwürde zu vereinbarendes Verfahren ansieht[48]. Allerdings erscheint es notwendig, unterschiedliche Indikationsstellungen zu untersuchen.

2.3.2 Verschiedene Indikationsstellungen

2.3.2.1 PGD und Nicht-Implantation im Sinne einer passiven Sterbehilfe

Rechtlich gesehen ist die Nicht-Implantation eine Unterlassungshandlung und damit einer Tötungshandlung vergleichbar[49]. Werden aufgrund bestimmter, bei der PGD festgestellten genetischen Veränderungen menschliche Keime zu dessen Wohl nicht implantiert, so kommt dies einer passiven Sterbehilfe gleich, wenn dem Keim Menschenwürde zukommt und er so geschädigt ist, dass er sich in einem Sterbeprozess befindet. Die PGD ist damit aus diesem Grund heraus gerechtfertigt. Problematisch ist nur die fehlerhafte Diagnostik, so dass passieren kann, dass ein eigentlich lebensfähiger menschlicher Keim nicht implantiert wird und somit keine Chance besitzt.

2.3.2.2 PGD und Nicht-Implantation aus embryopathischen Gründen

Eine zweite Indikationsstellung ist die PGD und die Nicht-Implantation aus embryopathischen Gründen[50]. Diese liegen vor, wenn bei dem zukünftig geborenen Kind schwere Krankheiten oder eine geistige bzw. körperliche Behinderung zu finden sind. Die Verweigerung der Einsetzung in den mütterlichen Organismus kann nicht als therapeutische Maßnahme begründet werden, da durch diese nicht nur die Krankheit bzw. die Behinderung selbst vernichtet werden, sondern gleichzeitig auch der Träger des Leidens oder der Beeinträchtigung keine Chance zum Leben erhält. Nicht nur in Deutschland sondern global[51] wird schwer kranken und behinderten Menschen Menschenwürde zuerkannt. Da menschlichen Keimen ebenfalls Menschenwürde zukommt, ist die PGD unzulässig, da dies sonst zu einem Wertewiderspruch zwischen geborenen und ungeborenen Leben führt.

48Knopffler, S. 114; Dies zu klären ist aber ein anderer Bereich.
49Knopffler, S. 118 ff
50Knopffler, S. 120 ff
51Laut Menschenrechtskonvention der Vereinten Nationen.

11

2.3.2.3 PGD und Nicht-Implantation aufgrund Nichtzumutbarkeit

Möglich ist auch, dass eine Frau die PGD mit anschließender Nicht-Implantation in Erwägung zieht, weil bei dem menschlichen Keim schwerwiegende genetische Dispositionen festgestellt wurden und sie sich die Betreuung eines behinderten oder erkrankten Kindes nicht zumuten will und um ihre eigene Gesundheit besorgt ist[52]. Da beiden Menschenwürde zukommt, ergibt sich ein Konflikt zwischen dem jeweils mit ihr verbundenen mütterlichen Lebens- und Selbstbestimmungsrecht und dem Lebensrecht des menschlichen Keims. Die Menschenwürde umfasst neben der Pflicht, den Subjektstatus und die fundamentale Gleichheit aller Menschen zu achten auch das mütterliche Selbstbestimmungsrecht, das dieses begrenzt. Das heißt, dass das Recht des menschlichen Keims auf Leben höherrangig ist als das Selbstbestimmungsrecht der Mutter. PGD und Nicht-Implantation des menschlichen Keims sind damit aufgrund Unzumutbarkeit für die Frau unzulässig.

2.3.2.4 PGD und Nicht-Implantation zur Rettung von Geschwistern

Eine weitere Indikationsstellung ist die PGD und Nicht-Implantation, um mittels einer Zell- oder Gewebespende kranke, bereits geborene Geschwisterkinder zu retten[53]. Da dem mensch-lichen Keim Menschenwürde zukommt, verletzt es deren Achtung und Schutz, wenn der Keim nur für seinen lebenden Bruder oder seine lebende Schwester nicht eingesetzt wird und daher keine Chance zum Leben bekommt. Die Nicht-Implantation nach PGD ist unzulässig.

2.3.2.5 PGD und Nicht-Implantation durch gesellschaftliche Gründen

Es wird von einigen gefordert, dass „die solidargemeinschaftlichen Systeme nicht 'unnötig' durch Menschen mit Krankheiten und Behinderungen belastet werden, die man rechtzeitig hätte an ihrer Existenz hindern können"[54]. Auch existiert das Argument, dass sich die Gesell-schaft an der Verfeinerung des Genpools beteiligen und damit die PGD als eine Art Eugenik-Programm nutzen sollte. Hier wird aber der grundsätzliche Subjekt- und Gleichheitsstatus des Menschen verletzt und hinter finanzielle und eugenische Intensionen gestellt. Da menschlichen Keimen Menschenwürde zukommt, ist dies aber menschenverachtend. PGD mit anschließender Nicht-Implantation aus gesellschaftlichen Gründen ist also unzulässig.

52Knoepffler, S. 123 ff
53Knoepffler, S. 126 f
54Knoepffler, S. 127 f

2.3.2.6 Fazit

Nun wurden alle denkbaren Indikationsstellungen beurteilt. Vorausgesetzt wird einmal, dass allen menschlichen Keimen Menschenwürde zukommt und zum zweiten, dass die IVF als ethisch zulässig anerkannt wird. Damit wird deutlich, dass nur eine Nicht-Implantation mit vorausgegangener PGD, die der passiven Sterbehilfe vergleichbar ist, gerechtfertigt ist. Alle anderen Gründe der Nicht-Implantation sind unzulässig. Ansonsten darf die künstliche Befruchtung nur durchgeführt werden, um den menschlichen Keim auch in den mütterlichen Organismus einzupflanzen[55].

2.4 Rechtliche Rahmenbedingungen

2.4.1 PGD in Grenzen

Die PGD ist also nur unter einer Bedingung gerechtfertigt. Das heißt, dass bestimmte rechtliche Rahmenbedingungen erforderlich sind, an denen sich die Zulässigkeit der PGD misst, die einen Missbrauch verhindern, die einzubeziehen und zu beachten sind[56]. Dazu zählen das Embryonenschutzgesetz, die Bioethik-Konvention, die Berufsordnung der deutschen Ärzte, Richtlinien zur künstlichen Befruchtung sowie die Prüfung, ob mögliche Grundrechte verletzt werden. Hinzu kommt der Entwurf einer Richtlinie zur Präimplantation.

2.4.2 Embryonenschutzgesetz

Das Embryonenschutzgesetz (ESchG) spielt für die PGD eine bedeutende Rolle[57]. Es wurde nach Gesetzesentwürfen verschiedener deutscher Parteien[58] im Dezember 1990 vom Bundestag der BRD beschlossen und regelt die Fortpflanzung nach künstlicher Befruchtung und den Umgang mit den Ei- und Samenzellen[59]. Auch hier wird davon ausgegangen, dass menschliches Leben mit der Befruchtung, also der Verschmelzung von Samen- und Eizelle, beginnt[60]. Die Schutzpflichten, bezogen auf den Embryo, steigen in der Art und Weise, wie sich die Möglichkeiten des Eingriffes durch den Menschen erweitern[61].

55Starck, S. 2
56Dies ist durchgängig in der gesamten Literatur zu finden.
57AWO, S. 6; Haker, S. 165 f; Huber, S. 28 f; Böckenförde-Wunderlich, S. 180 f
58Böckenförde-Wunderlich, S. 180 f
59AWO, S. 6
60Huber, S. 28; Böckenförde-Wunderlich, S. 180 f
61Huber, S. 28 f

In § 1, Absatz 1, Nummer 2 ESchG wird die Befruchtung einer Eizelle aus anderen Gründen außer der Herbeiführung einer Schwangerschaft verboten[62]. Daraus kann zwar ein generelles PGD-Verbot an bereits befruchteten Eizellen abgeleitet werden, da die Fortpflanzung zum Zeitpunkt der Befruchtung noch nicht beabsichtigt wird, sondern erst nach der PGD, um einen nicht genetisch veränderten Embryo zu implantieren. Andererseits kann man aus der genannten Norm auch ableiten, dass letztendlich der Zweck der PGD ist, eine Schwangerschaft zu verursachen. Es bleibt also offen, ob das ESchG in der Fassung von 1990 die PGD zulässt oder verweigert.

2.4.3 Bioethik-Konvention, Berufsordnung und Richtlinien

Die Konvention des Europarates über Menschenrechte und Biomedizin wurde 1996/97 aufgestellt und trat 1999 völkerrechtlich in Kraft[63]. Sie beinhaltet das Verbot jeglicher menschlicher Diskriminierung auf der Grundlage der Veränderung genetischer Erbanlagen. Zulässig sind danach nur Gentests, die zu medizinischen Zwecken durchgeführt werden. Darunter fällt auch die PGD mit anschließender Nicht-Implantation. „Verbrauchende" Embryonenforschung wird ermöglicht. Allerdings sind einige Bestimmungen der Konvention sehr unzureichend und reichen nicht an die Schutzbestimmungen des deutschen Grundgesetzes heran. Als Folge wird entweder eine genauere Definition oder ein zusätzliches, ergänzendes Gesetz – wie ein Fortpflanzungsmedizingesetz – gefordert.

Die deutsche Berufsordnung für Ärzte in der Fassung von 1996 und die Richtlinien der Bundesärztekammer zur künstlichen Befruchtung in der Fassung von 1998 verbieten alle diagnostischen Maßnahmen an in vitro gezeugten Embryonen vor der Implantation in den mütterlichen Organismus[64]. Es gibt hier nur eine Ausnahme: wenn es sich um die Diagnostik für schwerwiegende geschlechtsgebundene Erkrankungen im Sinne von § 3 ESchG handelt. Dies würde durch die PGD auf schwerwiegende genetisch bedingte Erkrankungen ausgeweitet. Andererseits kommen Zweifel an der Vereinbarkeit mit dem ESchG auf, da der Schutz des Embryos durch eine Ausnahme des allgemeinen Verbotes unterlaufen würde.

---

62 Haker, S. 166 f
63 AWO, S. 6, 11, 12
64 Haker, S. 168 f

14

2.4.4 Grundrechte

Die PGD ist „grundrechtsrelevant", da neben dem Embryonenschutz einige bedeutende Rechte betroffen sind[65]. Zu nennen sind v.a. die Rechte der Eltern: das Recht auf Leben und Gesundheit der Frau (Artikel 2 Abs. 2 GG), das Recht auf Schutz der Ehe und Familie (Artikel 6 GG) und das Informationsrecht, dass sich aus der elterlichen Fürsorgepflicht für das erwartete Kind (Artikel 6 Abs. 2 GG) und dem Selbstbestimmungsrecht über personen-bezogene Informationen (Artikel 2 Abs. 1 in Verbindung mit Artikel 1 GG) ergibt. Bezogen auf die Ärzte können sowohl die Berufsausübungsfreiheit (Artikel 12 GG) als auch die Wissenschaftsfreiheit (Artikel 5 Abs. 3 GG) berührt werden. Allerdings finden die Rechte der Eltern und der Ärzte ihre Schranke in den embryonalen Rechten, insbesondere dem Recht auf Leben des Embryos[66].

2.4.5 Entwurf einer PGD-Richtlinie

Die Bundesärztekammer legte im Februar 2000 einen Diskussionsentwurf zu einer Richtlinie für die PGD vor[67]. Die Notwendigkeit eine Behandlung sollte nur dann gegeben sein, wenn bestimmte Paare ein großes Risiko für schwere, genetisch bedingte Erkrankungen oder Behinderungen besitzen. Dann darf aber auch nur die Erbgutveränderung untersucht werden, die dies auslöst bzw. für die dieses enorme genetische Risiko vorliegt. Im Jahr 2000 konnten monogene Erkrankungen und Chromosomenveränderungen diagnostiziert werden. Wichtig ist dabei die Beachtung des Schweregrades, der Therapiemöglichkeiten, der Krankheitsprognose sowie der gesundheitlichen Beeinträchtigung der zukünftigen Mutter. Eine Indikation ist jedoch nicht gegeben, wenn eugenische Ziele oder das hohe Alter der Eltern im Vordergrund stehen, spät manifestierende Krankheiten und Behinderungen festgestellt wurden oder das Geschlecht ohne jeglichen Bezug zu einer Krankheit bestimmt oder wenn eine Sterilitätstherapie durch künstliche Befruchtung durchgeführt werden soll. Jeder Antrag auf eine PGD sollte als Einzelfall durch eine bei den Landesärztekammern gebildeten Kommissionen sorgfältig geprüft und abgewogen werden.

3. Zusammenfassung

Die PGD ist ein Verfahren, bei dem die künstlich befruchtete Eizelle auf bestimmte genetische Veränderungen überprüft wird und bei deren Vorliegen nicht in den mütterlichen Organismus

---

65Haker, S. 169 ff
66Siehe oben.
67Bundesärztekammer, S. 2 ff

implantiert wird. Nach sorgfältiger Prüfung aller positiven und negativen Gesichtspunkte ist deutlich geworden, dass sie mehr und vor allem schwerwiegendere Nachteile als Vorteile besitzt. Weiterhin kommt menschlichen Keimen ab der Befruchtung Menschenwürde zu. Das heißt, dass die PGD mit anschließender Nicht-Implantation nur im Sinne einer passiven Sterbehilfe zulässig ist. Dennoch ist eine gewisse Vorsicht aufgrund einer möglichen fehlerhaften Diagnostik geboten. Embryopathische Gründe, Nichtzumut-barkeit für die Frau oder das Paar, die Rettung von Geschwistern sowie gesellschaftliche Gründe sind nicht gerechtfertigt.

Erforderlich sind daher rechtliche Rahmenbedingungen, die die PGD in Grenzen halten und einen Missbrauch (z.b. Eugenikprogramme) unmöglich machen. Sinnvoll erscheint nicht nur eine Richtlinie zur PGD, sondern ein Gesetz, das strenge Bedingungen aufstellt und Einzel-fallprüfungen fordert. Auch sollte das Verfahren in bestehende Konventionen, Richtlinien und Gesetze (z.B. ESchG) aufgenommen werden. Notwendig sind Regelungen, die zwar nicht die Möglichkeiten der modernen Diagnostik zu stark einengen, aber die auch nicht das Schutz-bedürfnis menschlichen Lebens und die Achtung des Menschen verletzen, die mit der Angst nach einem genetisch verursachten schwer kranken oder behinderten Kind gesundheitlich leiden[68].

Literaturverzeichnis

෯ AWO Bundesverband e.V. (Hrsg.): Positionsbestimmung zur Bioethik und Genforschung. AWO Verlag. Bonn 2001- In: Schriftenreihe Theorie und Praxis. 2002

෯ Birnbacher, Dieter: Analytische Einführung in die Ethik. Walter de Gruyter Verlag. Berlin, New York 2003

෯ Böckenförde-Wunderlich, Barbara: Präimplantationsdiagnostik als Rechtsproblem. Ärzt-liches Standesrecht, Embryonenschutzgesetz, Verfassung. Mohr Siebeck. Tübingen 2002

෯ Bundesärztekammer (Hrsg.): Diskussionsentwurf zu einer Richtlinie zur Präimplantationsdiagnostik. Berlin 2000

68Bundesärztekammer, S. 3 f

Düwell, Marcus / Hübenthal, Christoph / Werner, Micha H. (Hrsg.): Handbuch Ethik. Verlag J.B. Metzler. Stuttgart, Weimar 2002

Entscheidungen des Bundesverfassungsgerichts (BVerfGE), Band 39, ab Seite 1 + Band 88, ab Seite 203

Haker, Hille: Ethik der genetischen Frühdiagnostik. Sozialethische Reflexionen zur Verantwortung am Beginn des menschlichen Lebens. Mentis. Paderborn 2002

Huber, Wolfgang: Das Ende der Person? Zur Spannung zwischen Ethik und Gentechnologie. Universitätsverlag. Ulm 2001 – In der Reihe: Rektor der Universität Ulm (Hrsg.): Reden und Aufsätze der Universität Ulm, Heft 8

Knoepffler, Nikolaus: Menschenwürde als Konstitutionsprinzip in der Bioethik – Ein Strukturmodell. Unveröffentlicht

Starck, Christian: Menschenwürde von Anfang an: Der Embryo ist ein Wer, kein Was. o.V.. Göttingen 2003